Pethe Achlysurol

Pethe Achlysurol

LLION JONES

Cyhoeddiadau Barddas

2007

ⓗ Llion Jones
Argraffiad cyntaf: 2007
ISBN 978-1-906396-02-2

Cyhoeddwyd gyda chymorth ariannol
Cyngor Llyfrau Cymru

Cyhoeddwyd gan Gyhoeddiadau Barddas
Argraffwyd gan Wasg Dinefwr, Llandybïe

I Mam ac er cof annwyl am fy Nhad

"Cans tra bo cerdd yn swyn a nwyd yn fflam..."

Diolch

Mae gen i le mawr iawn i ddiolch.

I'r holl feirdd y cefais y fraint o'u cwmni ar y daith o Abergele drwy Aberystwyth i Fangor. Gobeithio y caf faddeuant gan y ddau Emyr, Peredur, Gerallt, ac yn enwedig Iwan, am gymryd ambell linell o'u heiddo ar fenthyg.

I Martin am y gwaith dylunio ac i Cen am y llun.

I Barddas am y gwahoddiad i gyhoeddi ac i Alan Llwyd am ei ofal golygyddol.

I Marc Roberts am roi'i fendith ar y teitl!

Ac yn olaf, i Sioned a'r plant am eu hir amynedd.

Diolch

Mae gen i le mawr iawn i ddiolch.

I'r holl lefydd y cefais y trefnl o'u cwmni ar y daith o
Aberdele drwy Aberystwyth i Fangor Gobeithio y cat
faddeuant gan y ddau Emyr, Peredur, Geraint, ac yn
enwedig Iwan, am gymryd ambell linell o'u heiddo ar
fenthyg.

I Martin am y gwaith dylunio ac i Zen am y llun.

I Barbara am y cyfieithiad cynhwysfawr ac i Alan Llwyd
am ei olaf golygyddol.

I Marc Roberts am roi'i fendith ar y teitl

Ac yn olaf i Sioned a'i phlant am eu hir amynedd

Cynnwys

rhwng

Rhwng Belle Vue a Mynydd Seion,
llawr y Dixie a'r ymryson,
rhwng y caeau glas a'r heol
roedd fy mhethe achlysurol.

Rhwng w gytsain ac w driphlyg,
mastiau dur a waliau cerrig,
ar donfeddi cyfnewidiol
mae fy mhethe achlysurol.

Rhwng dylanwad oes a mympwy,
trem yn ôl a chroesi'r trothwy,
rhwng dau fyd yn un dyfodol
bydd fy mhethe achlysurol.

Rhithiau

rhithiau

----

teg edrych
- - - - - - - - -

Dros lwyfan y ffwdan ffôl
y mae seiren amserol
yn llef drwy'r murmur trefol;

taerineb rhuthr y trenau
yn ailadrodd ar gledrau,
yn seinio cainc nos yn cau;

a sŵn teiars yn tywys
enaid arall blinderus
o ferw hewl yr awr frys;

camau llafar diaros
yn cefnu ar y cyfnos
yn hel at erchwyn y nos;

hyd y rhes y mae'r drysau
yn clepian ar drigfannau,
yn un cyrch mae'r llenni'n cau.

Syrth y niwlen fel penyd
dros wyneb 'strydeb o stryd,
yn geir gwag ac oer i gyd;

ac o olwg y golau
y mae rheng o gamerâu
yn troi'r tirlun yn lluniau,

yn ddefod i'w chofnodi
ar wal rhyw fwth rheoli,
...gan amlaf fe wyliaf i.

rhithiau

ar drothwy

- - - - - - - - -

Yn sŵn ceir, mae'r drws yn cau,
ebychiad, a daw beichiau
diarbed y diwedydd
oddi ar ei war yn rhydd.

Mae post i gamu trosto'n
sypiau dan ei wadnau o,
yn hel o hyd, yn amlhau,
deiliach o epistolau,
gohebiaeth wag i'w 'sgubo
i sgip y gollwng dros go'.

Ar hap mae'n sgimio'r papur
â'i drem wyllt rhwng pedwar mur,
yn neidio drwy'r penawdau
yn ei awch i gadarnhau
beth yw beth ar lawr y byd,
athroniaeth ddoeth yr ennyd.

Yng nghyfnos ei ddefosiwn,
mae o'n hanner gwrando grŵn
seiat y peiriant ateb
yn rhannu hoen nemor neb
ond gwerthwr rhyw fyd gwyrthiol
sydd am ffonio eto'n ôl.

Yn ei seintwar gyfarwydd
y mae'r hwyr yn gamau rhwydd
a chlir erioed, fel oedfa,
mynd o un i un a wna,
mor gyson â'r sebon sy'
drwy'r llwydwyll yn darlledu
ei fyd o fân ddefodau;
yn sŵn ceir mae drysau'n cau.

rhithiau

brodio

- - - - - -

Zap! zap! zap! ydy'r rhythm sydd
yn hyrddio sioe yr hwyrddydd
o lun i lun, dilyniant
y pendil chwil yn ôl chwant
yr eiliad yw'r realaeth
chwilfriw lle mae chwiw yn chwaeth.

O fyw ar echel y gadair freichiau
wedi ei drwytho mewn byd o rithiau,
y daith anochel ar draws sianelau
yw hanes seithug ei holl nosweithiau;
dirwyn i'r eangderau i hel gwledd,
yn ddelwedd ar ddelwedd heb feddyliau.

Zap! zap! zap! ydy'r rhythm sydd
yn hyrddio sioe yr hwyrddydd
o rith i rith, chwarae rôl
yw y ddefod oddefol
a boddi ymwybyddiaeth
ar draethell rhwng gwell a gwaeth.

A ger y pentan mae'n llosgi'r pontydd
rhwng gwir diogel a rhith a chelwydd,
mewn byd di-begwn lle mae'r cartwnydd
didostur yn anwesu'r hanesydd,
a'r hyn a fu a'r hyn a fydd wedyn
yn dilyn fel un ar sgrîn aflonydd.

Zap! zap! zap! ydy'r rhythm sydd
yn hyrddio sioe yr hwyrddydd
o sgrîn i sgrîn yn un sgrech,
diddymdra lled-ddiymdrech
o oddef oriau diddim
y gwylio taer a gweld dim.

rhithiau

dadrithiad gwleidyddol
- - - - - - - - - - - - - - - - - -

Fel defod mae'n dod â'i wên
i dreiglo rhwng dwy raglen,
un lydan yn cofleidio
drwy y sgrîn, ei werin o,
y wên rad sy'n trugarhau
a meddalu meddyliau.

Mae'i broffes mor gymesur
a'i ffydd mor gymen a phur,
gwleidyddiaeth yr haniaethau
yma ar wŷs y camerâu.

Mae'n gêm, mae'n sioe, mae'n gimic
i'w datgan mewn slogan slic,
yn goeth, yn binstreip i gyd,
yn ddof o'i smwddio hefyd,
ac o'r tei i'r geiriau teg
delwedd yw'r ideoleg.

　　Ond o'r cudd mae fideo'r co'
　　yn annog yn daer heno,
　　ac arno o'i weindio'n ôl
　　mae'r hanes mor wahanol.

　　Ei asbri mewn ralïau
　　a'i gur yn wyneb y gau,
　　a'r chwyldro'n gyffro'n ei gân
　　yn trywanu trwy'i anian,
　　yn sbloet yn ei ddenims blêr,
　　yn ehedeg trwy'i hyder.

Rhywfodd fe droes gwrthryfel
yn hyn o fyd yn wên fêl,
a rhyw ddafn o'i angerdd o
sy' tan siwt heno'n swatio.

rhithiau

newyddion ar y 9
- - - - - - - - - - - - - - - -

Yn olaf - y tro hylaw
yng nghynffon newyddion naw,
y cymal sy'n gyfalaw

i'r ymdaith saff nosweithiol
o dir neb ac adre'n ôl
tua'r hafan gartrefol.

Ac ar y lôn greulonaf
mae hwyl yr eitem olaf
yn glo ar gydwybod glaf.

Troi gwegil, at ei gilydd
fel un daw'r ddau gyflwynydd,
rhannu'r wên sy'n torri'n rhydd

eu gafael ar ddigofaint
yn wyneb ofn, baw a haint,
nes goddef dioddefaint.

Rhwng murmur eu papurau
mae mân ymddiddan y ddau'n
tywynnu bwletinau

normalrwydd, yn hyrwyddo
awr cwsg, gan ridyllu'r co'
yn solas eu noswylio.

rhithiau

egwyl

- - - - -

With-it with-it tragwyddol, y cri gwag
sy'n creu gwanc nosweithiol,
yn hau breuddwydion o'i ôl.

Yn lliwiau cry'r gorllewin, daw delwedd
'rôl delwedd fel byddin
yn swagro'i hynt dros y sgrîn.

Dan y faner faterol, hyrwyddir
gwareiddiad i'r bobol
a dwi isio'n gred ysol.

Ac wele un sydd ar glo yn ei flys,
fel hen flaidd mae'n hoelio
ei lygaid ar bob logo.

Fel tae amser wedi fferru'n y cloc,
wedi cloi pob gewyn,
mae'n brae i'w warchae ei hun.

Yn y gwylio hygoelus, y mae'i drem
hyd y rhith hudolus
sy'n farchnad i baradwys.

O beth i beth yn ara' bach, rhy'i draed
ar yr hewl ragorach
i ganol trap amgenach.

With-it with-it tragwyddol, y cri gwag
sy'n creu gwanc nosweithiol
a dwyn gwareiddiad o'i ôl.

diwylliant gwe-rin
- - - - - - - - - - - - - -
Eistedd mae'r heliwr distaw
a'r hil oll yng nghledr ei law
gan gyrchu'n sydyn â'i saeth
y byd lle mae gwybodaeth
yn gyngres, drwy ffenestri
ei sgrîn, mor hydrin yw hi.

Mae o'n chwilio pob chwilen
o beth sy'n bla yn ei ben,
yn bwrw ei rwyd, cribo'r we,
yn treiglo'i gwrs trwy wagle
yn gyflym a disymud
dan bwn sy'n gwestiwn i gyd.

Mae o rywle'n ymrolio,
wedi clic ei holi o,
lwybr ar lwybr, yn amlhau
ar antur, a'i her yntau
yw trio canfod trywydd,
drwy'r cwbl, yn codi o'r cudd.

Yn ddisgwylgar mae'n aros
am lusern yn nyfnder nos,
un â'i llewyrch yn llywio
ei daith ddigyfeiriad o
trwy wacter ei hamser hi;
alltud, a'i ben yn hollti.

rhithiau

e-pistol @
- - - - - - - - -
fan hyn gefn nos
nawr mae'n aros
un wefr gyfrin
yn groyw ar sgrîn
chwa iach o iaith
ar hyd rhwydwaith
ei fyw a'i fod

ond mudandod
hir sy'n aros
fan hyn gefn nos
ac un yn gaeth
heb e-hebiaeth

rhithiau

o fore gwyn
- - - - - - - - - -

Sŵn seiren las sy'n serio'r
bore oer, yn procian bro
o'i chwsg; a churiad radio'r

wawr yn un wrth daro'n ôl
â larwm car byddarol.
Hwn yw'r reiat boreol,

dyma alwad toriad dydd
ar fforddolion aflonydd
eto i hawlio'r heolydd.

Y mae un o'r osgordd mwy
wedi oedi mewn adwy
i rythu dros y trothwy.

Un yw ef ymhlith nifer,
un o'r sawl fu'n gwylio'r sêr
ac eto'n nes i'r gwter.

Un â'i hafan mewn manion,
un ynys wag o fân sôn,
yn caru trefn y cyrion.

Un na rannodd gyfrinach,
yn byw o hyd i'w fyd bach
â'i olygon rhy legach.

Ond dan loeren talcen tŷ,
ei wedd drom heddiw a dry
yn wên, mae ffôn yn canu.

gwleidydd

Unwaith roedd chwyldro'n ei anian a'i her
yn eirias, ond rŵan
nid oes ond marwor o'i dân
yn diffodd yn San Steffan.

niwl rhyfel

"The war in Iraq is really about peace" G.W. Bush

Mae iasau ei amwysedd yn garthen
dros bob gwarth, a'i anwedd
o dwyll wrth genhadu hedd
yn glynu wrth gelanedd.

camau america

Mae hud yr ennyd honno a'r eryr
arwrol yn glanio,
gam wrth gam yn mynd dros go'
yn nhân y lluniau heno.

visa

Rwy'n noeth ac eto'n foethus, yn estyn
am y plastig hwylus,
gŵr o wellt yn gwerthu'i grys
yn oludog ddyledus.

tabled

Rhywfodd er iddi brofi ei gyffur
yn gyffion amdani,
yn dyner mae'r cadwyni
yn rhyddhau ei hofnau hi.

graffiti

Ar wal dan ysfa'r eiliad fe ddaw ias
o ddal mewn ebychiad
â llaw rydd a chwistrell rad
wir ryddiaith ein gwareiddiad.

pan ddêl blynyddoedd crablyd canol oed...

Dwi'n byw i fod yn biwis,
mewn surni'n monni drwy'r mis;
fi yw *guru* bwrw bol,
hen sinach proffesiynol,
yr ablaf o'r rhai crablyd,
o wŷr gwae y gorau i gyd.

Gyda'r byd i gyd o'i go'
y mae cael jeremeio'n
benisel fel awel iach,
gorau egni yw grwgnach
a gweld trwy sbectol er gwaeth
egwyddor mewn negyddiaeth.

Ar ei hyd, 'dyw mywyd mân
ond achos gwiw i duchan...
ffurflenni, jeli a jazz,
tipit a bariau tapas,
suliau'r haf a jîns *low-rise*,
lôn uffernol yn Ffwrnais,
natur peiriannau ateb,
logo'r blaid, pob lager-bleb,
bwyta yng ngŵydd gwybetach,
dynion hŷn sy'n cadw'n iach,
pob *4x4* ar ein ffyrdd
tirluniau o bethau bythwyrdd,
sôs yn gaenen ar feniws
teisen wy a *Sky Sports News*,
holl jargon stiff a diffaith
y rhai sy'n prif-ffrydio'r iaith
a gweithio strategaethau
yn strwythur i'r bur hoff bau.

Llusg wyrdro (mae honno'n hyll),
llên meicro, lluniau mecryll,
breuder y peiriant *xerox*,
criwiau hy a thraed mewn Crocs,
gwŷr rhy daer a gwŷr di-hid,
sŵn *Windows* yn ei wendid,
y gôst yn *Tesco*, a gwaeth
hen drolis direolaeth,
inbocs llawn cynnyrch enbyd,
y dwthwn hwn ar ei hyd,
a beirdd, ie, beirdd heb os,
haid ddienaid y ddunos,
'rheini sy'n monni drwy'r mis
a byw i fod yn biwis.

clych atgof

45 rpm

A minnau'n mwytho'r cloriau, oni chlywn
uwchlaw hen grafiadau
nodau hud o gytgan dau
yn galw o'r rhigolau?

si-so

Fel cofeb i ddyddiau mebyd y saif
ar gae swings dychwelyd,
yno, yn ffansi'r funud,
rwy'n disgyn-esgyn o hyd.

hen lythyron

Eiliad, wrth sgubo'r droriau, o nabod,
cyn rhoi heibio'r geiriau,
anwesu dail hanes dau,
hen garwriaeth yn greiriau.

adleisiau

methu cyrraedd glan

Yn lli hallt ei hunlle' o, drwy'i flinder,
mor ofer mae'n rhwyfo
ar y dŵr fel gŵr o'i go'
â hon o'i gyrraedd heno.

y cwpwrdd tridarn

Anwylodd bob cainc a hoelen erioed
yn ei dridarn cymen
ond ym mhraffter y dderwen
fe ganfu fod pry'n y pren.

ar lan y môr

Yn hunlle' un ar lan y lli, wylo
mae petalau'r lili,
ac ar draeth ei hiraeth hi
aros mae sawr rhosmari.

i gyfarch mererid

Dinbych 2001

Trwy'r oesoedd yn llysoedd llên,
rhy wrywaidd fu'r awen;
ei hodlau'n gyhyrau i gyd
a hyf ei mydrau hefyd,
awen blaen yn fawr ei blys
i oroesi mewn trowsus.

Y gwŷr a aeth Gatraeth gynt?
Ie, dyn fu'n sôn amdanynt;
1282? Ie, dyn
a wylodd gwymp Llywelyn;
a dadeni y dynion
fu'n diwyllio'r henfro hon.

Ac fel deddf ym mhob 'steddfod
fe fu dyn a dyn yn dod
yn eu tro i hawlio'i hedd,
gang union y gynghanedd,
sioe gyfarwydd bob blwyddyn
fu defod cadeirio dyn.

Ond daeth yr awen 'leni
ati'i hun, ac ynot ti
Mererid y mae'r aros
ar ben, gwŷr Cymru heb os
fod awen eto'n fenyw,
i'r ŵyl daeth bardd o'r iawn ryw.

i gyfarch myrddin

Tŷ Ddewi 2002

Â'r lôn undonog 'di'i threulio'n denau
gan ein taith drwy'r cyfnos, daethost dithau
â rhin dy awen, yn driw i'n doeau,
yn fyw i'r eiliad, yn fôr o olau,
a'n hebrwng ar hyd llwybrau carennydd
ar drywydd newydd drwy hen siwrneiau.

i gyfarch jason

Casnewydd 2004
"pybyr a diwyro yw ei gefnogaeth i dîm Arsenal"

I'r llu yn Highbury llên,
ti, yw Henri yr awen,
yn troelli dy gerddi i'r gôl
â dewiniaeth syfrdanol.

Â dawn i hollti ennyd
wyt Bergkamp, yn gamp i gyd,
yn gweld agoriad mewn gair
a'i weithio'n ddilyffethair.

O gerdd i gerdd y mae gwedd
Vieira a'i gyfaredd
ar un sy'n consurio o'i ôl
egni oes yn gân iasol.

Pires y gweledydd prin
â gwefr Cygan o gyfrin,
Reyes y grefft gymesur
ac osgo Gilberto o bur.

Un â haearn cadarn Cole
yw Toure'r ddawn naturiol,
Edu o dalent ydwyt
Wenger iau i Fangor wyt.

I'r llu yn Highbury llên
rwyt ti, Henri yr awen
ddiguro yn teithio i'r top,
aros mae coron Ewrop.

gŵyl gynganeddu tŷ newydd

Draw o Reged ym mhridd hen diriogaeth
hyd lyn Tryweryn y brad a'r hiraeth,
o fôr goleuni hyd fur gelyniaeth,
yn nhir dialedd ac ym mrawdoliaeth
yr ŵyl hon, trwy'r olyniaeth sydd eiddom,
bu'r awydd ynom i greu barddoniaeth.

Cyrion

Cyrion
----

outlet
- - - - -

Rhywfodd crebachodd y byd
a'i bethau
i'r rhimyn hwn o goncrid a dur
sy'n dirwyn dan y stribed golau
i gyrion y ddinas.

Ac o'r lôn sy'n cylchu
gorwelion y werddon hon,
llithrwn ninnau'n ddefodol
ar wahoddiad yr arwyddion dwyieithog
i barth y *lingua franca*,
i barc manwerthu ein mân werthoedd.

Yma, ar y cyrion sydd wrth galon pob dim,
y mae gwerth y byd yn grwn,
y byd sy'n ein rhoi yn ein lle.

next
– – – –

O'r riff gitâr cyfarwydd
sy'n atsain ei groeso
yn intrada rhwng y tiliau

i'r ferch sy'n gwisgo'i gwasanaeth
yn rhuban coeth amdani
a gwên sy'n gredyd i gyd;

o'r gymanfa o liwiau
sy'n labelu hunaniaeth
a phennu tro'r tymhorau

i lendid dihalog
y pren laminedig
sy'n cynnal baich y fflyd;

o'r crwt bach trwsiadus
sy'n bictiwr o iechyd
ar fur y sbotoleuadau

i drefn fesuredig
y rhengoedd o siwtiau
sy'n byddino grymoedd y byd;

mae'r nwyddau'n dy brynu di
am y nesa' peth i ddim.

cyrion

food theatre

– – – – – – – – – –

Yma, rhwng cyfyng furiau,
y mae'r byd i gyd ar blât,
a Napoli, Delhi a Dulyn
o fewn hyd cownter i'w gilydd,
yn rhannu ffiniau
a biniau,
ac yn llenwi'r un tiliau.

Yma, dan yr haul mawr halogen,
mae Harry Ramsden a Singapore Sam yn llawiau,
yn frodyr mewn delfrydau,
yn gyd-addolwyr y ddoler.

Yma, yn nhrefn pethau,
y mae'r cenhedloedd yn unedig
yn eu hunedau.

Ac ar amrantiad,
wele sgram ryngwladol
o Bizza, Cyri a Guinness
yn lobsgóws byd-eang
ar yr hambwrdd plastig.

A minnau'n troedio llwyfan y theatr hon
â phrofiad y blynyddoedd
a slicrwydd hir ymarfer,
yn rhan annatod o'r cynhyrchiad.

cyrion

multiplex

Be' wnei di well ar b'nawn dydd Sul
nag ufuddhau i'r golau gwyn
sy'n llusern ar y llwybr cul
i'th sedd?

Be' roi di well i'r plant yn faeth
na Pepsi a phopgorn lond eu côl
yn gymun drud am egwyl gaeth
o hedd?

Ble gei di well na seintwar gudd
y llwydwyll rhwng y byd a'r sgrin
i blygu pen rhag berw'r dydd
a'i sŵn?

Be' wnei di er dy les dy hun
ond chwarae rhan y rhiant mud
a gwylio cwrs y byd ar lun
cartŵn?

cyrion

flatpack

‑ ‑ ‑ ‑ ‑ ‑ ‑

Mor addas yw'r silffoedd hyn
a baciwyd yn dynn
i'w heirch cardfwrdd
cyn eu cludo ar elor
a'u llwytho'n ddefosiynol
i gist y car;

mor weddus yw'r silffoedd hyn
yr awn ati, yn seiri unnos,
i'w codi gam wrth gam
drwy ddiagramau;

mor gymwys yw'r silffoedd hyn
a'u graen yn gaenen denau
ar wyneb y coedyn gwneud
a'u huniadau'n simsanu braidd;

mor addas, mor weddus, mor gymwys.

cyrion

treadmill

– – – – – – – –

Gan hynny rwy'n rhedeg fel un â nod sicr o'i flaen
â'm trem ar y cloc calorïau a'r deial a ŵyr beth yw'r straen

a ddywed fy nghalon, mae'i churiad fel gordd yn fy mrest
yn taeru'n gynyddol â'r logo sy'n dic o gywirdeb ar fest.

Ac rwy'n pydru mynd yn rhywle heb adael dim o'm hôl,
dyn ynfyd yn ei unfan yn stond mewn ffwdan ffôl.

O'm cylch drwy fur o ddrychau hyd dragwyddoldeb maith
yr un yw'r hyn a welaf, ni allaf glywed 'chwaith

ond murmur hir y beltiau yn cylchdroi o dan draed
a thuchan blin ysgyfaint yn cwyno am a wnaed,

am falltod pob un filltir, am fethu â gwneud y tro
yn nyddiau'r prysur bwyso, am lencyn aeth ar ffo
a chyflwr gwyrdroëdig y 'gweitho mas' dan do.

jacuzzi

– – – – – –

Yn swigod y segurdod gwâr
mor braf ymollwng am ychydig,
a down i suddo bob yn bâr
yn swigod y segurdod gwâr
gan wneud yn fawr o ennyd sbâr
i drin eneidiau bach blinedig,
yn swigod y segurdod gwâr
mor braf ymollwng am ychydig.

Â sŵn y ffrwtian ar ein clyw
cawn gadw ein seiadau'n swta
ar wyneb dyfroedd bas ein byw,
â sŵn y ffrwtian ar ein clyw
rhown bin yn swigen dynol-ryw
â llymder ein cyfarchion cwta,
â sŵn y ffrwtian ar ein clyw
cawn gadw ein seiadau'n swta.

Ac wedi diosg pob rhyw wisg
mewn glendid noeth cawn ymlonyddu
a theimlo ymchwydd moeth a dysg,
ac wedi diosg pob rhyw wisg
bydd atsain gwacter yn ein mysg
mewn darn o nef sydd wedi'i rentu,
ac wedi diosg pob rhyw wisg
mewn glendid noeth cawn ymlonyddu.

cyrion

welsh soc.
- - - - - - - - -

Mewn dyddiau
pan nad oes byd o wahaniaeth rhwng dim,
y mae'r galw'n groywach nag erioed
am fathodynnau arwahanrwydd
i'w gwisgo â balchder
yn llabedau ein siwtiau unwedd;
rhyw fymryn o edau ethnig
i'w bwytho i'r brethyn rhyngwladol.

Ac at ffynnon y ganolfan hon
y down ar noson waith
wedi diosg rhwymau'r dydd
i'n hadnewyddu
gan gelfyddyd ddirgel
Ioga, Taekwondo
neu gerdd dafod.

Fan hyn, fin hwyr,
yng nghampfa'r cynganeddion
mae orig o gymnasteg geiriau
yn ffordd o gadw'r hunaniaeth yn ffit,
ac yn llesol, fel rheol,
i'n hiechyd diwylliannol.

Diolch, fod yn y syrcas fyd-eang,
le o hyd i jyglwyr cytseiniaid
i glownio ag odlau
ar gyrion y prif atyniad.

cyrion

tesco direct
- - - - - - - - - -

O'r fan y daw fy nghymorth
a'm hymborth wythnosol
yn ymdaith o ddanteithion
dros riniog ddi-bobol.

O'r fan sy'n dwyn cynhaliaeth
o wledydd anweledig
daw imi'n siâr o bedwar ban
o bethau darfodedig.

Y fan sydd yn cyfannu'r
holl fyd yn gyflawn we
yn cydio'n rhwydwaith cadarn
myfi a'r hyn sy' i de.

jc world

- - - - - - -

Maen nhw'n codi yma draw
ar fryncyn ffres
tu fas i fur y dref
flwch newydd fflach
yn llestr i'n crefydda amlbwrpas.

Blwch o friciau cymesur,
pren graenus
a thrawstiau twt
i'n dallu â'u dillynder.

Ac awn i'w gyntedd â mân siarad
a rhwng y muriau magnolia
rhown garped o deiliau hwylus
i'n clustogi rhag y graig.

Tafluniwn y geiriau
yn sleidiau *PowerPoint*
mewn ffontiau bras
a thu mewn i'r llyfr emynau
gosodwn y gyffes ffydd
wedi'i phrosesu'n dwt,
yn wrogaeth chwaethus i'r rhai a'n gwnaeth,
yr hyn a'n gwnaeth.

Ac ar donnau'r system sain soffistigedig
cawn sisial adnodau
yn ddigidol bur,
gan gadw trem ochelgar
ar y drws tân statudol
rhag ofn i ni fethu â dal y gwres,
gan foeli clustiau hefyd
rhag i'r larwm seinio'i rybudd
fod bachau budron rhywun ar y gwir.

gwyriad

- - - - - - -

Â'r briffordd wedi'i thagu
gan draffig yn cordeddu'n
ara' bach a'r tarmac du

yn mygu a'r nerfau'n breuo,
boed i ni ambell dro
gymryd ein dargyfeirio.

Boed i ni ddilyn y cefnffyrdd
sy'n gwau rhwng y caeau gwyrdd
a mentro ymdroi ar y myrdd

o lonydd sy'n hawdd eu hosgoi
ar gyrch di-ildio'r confoi;
boed i ni feiddio cyffroi

wrth gefnu ar rigolau
dydd i ddydd ac ymryddhau;
boed i ni ddirwyn drwy'r eangderau

cyn oedi yn bererinion
o'r newydd ar y siwrnai hon
a phlymio'i ddwfn y galon

wrth dynnu gwynt. Cawn droi tua thre'
yn gwybod, wrth gyrraedd ei godre,
fod byd i'w roi yn ei le.

tri dolig, tair seren

nadolig 1999

Er bod seren y geni yn aros
mor daer ei goleuni,
yn araf iawn y trof i
am lôn Bethlem eleni.

nadolig 2002

Yn yr wybren eleni, un seren
anghysurus weli
yn hel yn ei llewyrch hi
gelanedd i'r goleuni.

nadolig 2003

Â'r gân am stori'r geni yn dy wrid,
yn drydan, yn gloywi,
roedd dad yn dilyn Cadi
y seren yn dy wên di.

tri diddanwr

----

gari williams

- - - - - - - - - -

Â'r sioe ar ben, er cau'r llenni di-daw
yw y dorf, a glywi
o gwr y llwyfan Gari
sŵn chwerthin dy werin di?

tich gwilym

- - - - - - - - -

Ar donfedd hen wlad fy nhadau, fe fydd
Cymru fach a'i chlustiau
fin hwyr yn dal i fwynhau
dewiniaeth sain dy dannau.

freddie mercury

- - - - - - - - - - - -

Ni welai'r dorf mo'r gwelwi, ar lwyfan
gorlifai dy egni
yn daen dros d'eiddilwch di
ar wyneb dy drueni.

mynwenta

Rhwng torchau a blodau blêr
y down, gan droedio'n dyner,
i fynwent y cof uniaith
a thrwy'r adwy lle mae'r iaith
yn foddion i'r galon gaeth,
yn euro dagrau hiraeth
â grym mud ei gramadeg.

Yn y taw, mae'i geiriau teg
ar farmor yn lleisio'r llw
a ddeil mai marw sydd elw,
yn hawlio hedd wedi loes,
diddanwch diwedd einioes
i weision ffyddlon y ffydd,
yn gywir a thragywydd
o rywiog ei chystrawen.

Â llais canrifoedd ei llên
a hyder hen adnodau
yma'n y pridd mae'n parhau
a charreg ar garreg goeth
sy'n dyrchafu ei chyfoeth
yn dawel drwy'r nos dywyll,
ac er gwisgo amdo'r gwyll
yn dynn, yn dynn amdani,
yma ar faen mor fyw yw hi.

hon
------

cyfrifiad 2001
- - - - - - - - - - - -

Ar y graff mor gre' yw'r iaith, ar y glust,
mae'n rhy glaf i'w hymdaith,
yng nghynnen ffuglen a ffaith
does wybod a oes obaith.

baner ac amserau cymru (cwpan y byd 2006)
- - - - - - - - - - - - - - - - - -

Mae rhodres ymerodraeth yn y gwynt
ac awch hen ymyrraeth
yn gyrru drwy'r Gymru gaeth,
yn chwifio'i goruchafiaeth.

hanner gwag
- - - - - - - - - - -

Nid digon yw gwangalonni i wlad
â diléit mewn cyni
a chur, yn ein natur ni
aeth anobaith yn hobi.

cen

Ar ymddeoliad Cen Williams fel Cyfarwyddwr Canolfan Bedwyr

Un Cen a roed i'n cynnal,
Un dyn doeth a roed i'n dal,
Un llawn her i'n llywio ni,
Un dewr ei genadwri,
Un ar gyrch a'i gyrch ar goedd,
Un Cen, ond ynni cannoedd.

Y Cen sy'n cipio'r ennyd,
Cen y boi sy'n Gymro i gyd,
Cen gŵr llên a gwên fel giât,
Cen yr awen a'r reiat,
Cen yr asbri egnïol
A Cen, dwy lathen ddi-lol.

Cen yn null y bycanîr,
Cen fellten yr ail filltir,
Cen ar ruthr, Cen yr athro,
Cen y gwâr a Cen o'i go',
Cen yn dadlau hawliau'i hil
A Cen y cerddi cynnil.

Cen a'i hyder cenhadol,
Cen hirben, Cen di-droi'n-ôl,
Cen y *mind-map* bach siapus,
Cen ar drên a'i frên ar frys,
Cen y graig a Cen y gwres
A Cen y cyfaill cynnes.

Cen y gwir, Cen agored,
Cen lawen a'i ddrws ar led,
Cen y llyw yn cynnull llog
A Cen sy'n gweld pob ceiniog,
Cen y ffrind a'r cenau ffraeth,
Cen Williams ein cynhaliaeth.

teithwyr yr empire windrush (1948)

O'u hôl roedd traethau melyn a heulwen
eu hil, hwythau'n canlyn
drwy'r niwl ar dir hen elyn
y bywyd gwell mewn byd gwyn.

'sglyfaeth

Ei fyd oedd ei lolfa wâr, ac ynddi
yr oedd ganddo seintwar
breifat, nes clywed gwatwar
hen fwgan y cwts-dan-stâr.

amgyffred

Yn griw chwil ar gyrch o hyd y rhedwn
gyffroadau bywyd,
ond yn hwrli-bwrli'r byd
arafu sy'n wefr hefyd.

y bardd a'r ferch ar y cei

Wedi ofni hyd y daith, yn ei fêr
gwyddai fod anobaith
ei hosgo a chymysgiaith
ei chanu'n iach yn ei iaith.

alan llwyd

Wrth i ni yn syrthni ein hoes diwnio
i'r undonedd cyfoes,
mae un ym mwrlwm einioes
yn creu ar donfeddi croes.

taw

(Roedd brawd fy nhad yn fud a byddar)

O dro i dro, er gweld rhai'n ei herio'n
watwarus, ni fyddai
dim ond ust am enau Dai,
distawrwydd a dosturiai.

hen ffotograff

Y mae'i lun yn melynu yn y drôr
ond er hyn rwy'n tyngu
na welais eto'n pylu
wrid ei wedd drwy'r gwyn a'r du.

hiraeth

Ym mhlygion y galon gaeth
trên ara' yw trên hiraeth;
ar amserlen amgenach
o rywle'n y bore bach
daw â'i chwiban i'm hannog
adre'n ôl i Dir na Nog
hyd y lein sy'n dal i wau
gwe o ledrith ar gledrau.

Ond gwn, er oedi ganwaith
ennyd awr ym mhen y daith,
ymroi i'r rhith am ryw hyd
a chilio, rhaid dychwelyd;
carchar yw'r trên sy'n cyrchu
gorsaf wag rhyw oes a fu.

glöyn byw
- - - - - - - - - - - - - - -

Glöyn byw ger glan y bedd
ar gyrion brau trugaredd
yn llawn o liwiau llynedd.

Am ysbaid, mae'r enaid rhydd
yn dân yn dy adenydd,
yn dafluniad aflonydd

o harddwch ar faen oerddu,
un ias fer fel oes a fu.
A feiddiaf i ryfeddu

at ddameg chwim dy degwch,
dwyn orig o dynerwch
neu gefnu a llyfu'r llwch?

y môr

Teithwyr ŷm yn troi tua thre'
ar heolydd o rywle,
haid golledig y llwydwyll
yn dygnu gyrru i'r gwyll,
yn gonfoi'n ceisio'r gwynfyd
sy'n rhithio yno o hyd.

O hirbell mae'r llinell wen
yn ein hawlio drwy'r niwlen
a'n tynnu ni fel tennyn
i'n hannog oll i'r man gwyn
ym mhen y lôn, mynnwn le
ar hewl sy'n mynd i rywle.

Cerbydau fel llafnau llym, trywanant
trwy'r anwel am awgrym
o gyfle'n y lôn gyflym.

Ym mrys hunllefus y llu, un ydwyf,
ffoadur yn gwasgu
'nhroed lawr a dal i yrru;

rwy'n dirwyn i'r pellterau
yn sŵn ceir a'r nos yn cau.

Ar gwr yr heol mae cryman golau
yn gloywi heno trwy darth y glannau,
o'r lôn undonog fu'n treulio'n denau
obeithion tyner fy hen baderau,
daw atyniad y tonnau i'm tywys
ar rawd hiraethus i lawr i'r traethau.

I aber dyddiau mebyd
mae llif yn cymell o hyd,
a'i loywder yn goferu
i fae y bwrlwm a fu,
a'n cario gyda'r cerrynt
yno i gaer ein teyrnas gynt.

A swyn y deyrnas honno a'i rhyddid
sy'n graddol ymffurfio'n
lliwiau coeth ar furiau'r co',
yn llun digymell heno.

Gwelaf dalent y plentyn yn rhowlio
fel yr haul drwy'r darlun,
yn euro llain godre'r llun
â'i orfoledd hirfelyn.

A bwrlwm y bae irlas a welaf
yn hwylio dros gynfas
bore oes mewn glasliw bras,
yn oriel y cof eirias.

Yno roedd gwên amgenach
ar wyneb y bore bach,
gwên gynnes a'i hanwes hi
yn gyforiog o firi,
a'i winc o aur yn tecáu
traethell fy anturiaethau.

Lle bûm innau hafau'n ôl
yn rhawio yn ddireol,
gan fyned â'm bwced bach
i gynnull caer amgenach;
codi concwest o gestyll,
tŵr ar dŵr o wawr hyd wyll,
a gwawl plentyndod yn gwau'i
gyfaredd rhwng rhagfuriau.

Lle sgimiais gerrig gleision
i'w dawns hyd wyneb y don,
yn un rhimyn o ynni,
taro...hercio...un...dau...tri...;
yna'r wefr, fel trai ar ro
a giliai wrth eu gwylio
gam wrth gam yn adlamu
i lymder y dyfnder du.

Yn nhes Awst ni phrofais i
unigedd mabinogi,
onid oedd i mi frawd iau'n
anadlu ger fy sodlau?

Nid gair ydoedd brawdgarwch
o hen lyfr dan haen o lwch,
na haniaeth 'ddysgwyd inni
ond hanfod ein hundod ni.

Dau ar draethau lledrithiol,
dau â'u ffydd mewn gwynfyd ffôl,
dau'n un mewn breuddwydion iau,
yn frodyr mewn delfrydau
diniwed, yn cyd-redeg
ar drywydd y tywydd teg,
eneidiau rhydd hirddydd ha'
yn eu tipyn Utopia.

Roedd hewl yn agor i ddau
i deyrnas o Sadyrnau,
adwy i fyd breuddwydiol...
curo gêm trwy sgorio'r gôl
fuddugol â'r gic olaf,
yn gyson, droeon drwy'r haf;
bywhau mae'r campau'n y co'...
un belen eto i'w bowlio
ac angen chwech – ymdrech hy
ar unwaith i serennu
gyda'r bat, wrth godi'r bêl
a'i gyrru tua'r gorwel.

Stori hud oedd ystrydeb
ein dyddiau ni, nid oedd neb
i herio ei chyfaredd,
i amau'i rhin, ym mro hedd
y baradwys ddibryder
roedd sôn am gyrraedd y sêr;
yn nhes rhyw fore glasach
herio'r byd ar chwarae bach,
a'r don mor dirion â'r dydd
yn galonnog o lonydd.

Ond ym mhlygion y tonnau
a'r hirnos oer yn nesáu,
ni welwn i'r dialwr
yn y dwfn yn corddi'r dŵr.

Ei lanw yn alanas, a'i enau
yn ewynnu'n wynias,
rhwygo'i lid trwy'r bore glas
a darnio muriau'r deyrnas.

Hyd draeth y deuoliaethau y rhegodd
drwy'r cregyn, a'i synau
o du'r nos yn cadarnhau
rhagluniaeth chwerw'r glannau.

Lle cefais seintwar ym mae cyfaredd
ym murmur cragen roedd hen wirionedd,
hyd lannau f'afradlonedd torrodd gwae
hyd fae fy chwarae yn donnau chwerwedd.

Un waedd oedd y newyddion,
un ias o wae oedd y sôn
hyd y dref, am un a drodd
i oerfel môr o'i wirfodd,
un a drodd, a'r niwl yn drwch,
drwy'r gwaelod i'r dirgelwch.

Nid oedd ond cysgod eiddil
hyd fur mebyd, un o'r mil
wynebau basiodd heibio
imi ar hyd llwybrau 'mro.

Ond ar y lôn greulonaf,
yn niwl ei siwrne olaf,
gwelais basio heibio'r haf.

Pylodd, fe syrthiodd y sêr
yn ddirybudd i'r aber.
Lle bu'r haul roedd dichell brad
ac Awst yn garreg wastad.

Yno'n llanc yn sŵn y lli,
ysgwyddais bwysau gweddi
un gŵr ym mhen ei dennyn
un nos oer yn tremio'n syn
o'r dibyn ar benrhyn bod
i dawelwch diwaelod
y cefnfor. Deil ei stori
yn fyw'n fy hunllefau i,
ac ôl troed ar gil y traeth
yn dal iasau'i fodolaeth.

Mae'r hen alawon yn llif y tonnau
yn hyglyw heno ar hyd y glannau,
yn gân o hyder, yn deg ei nodau,
yn alaw hefyd sy'n llawn dolefau,
yn genlli o harmonïau hudol,
yn gri feunyddiol ar sgôr fy nyddiau.

Â'r tarth fel clogyn yn dynn amdano
a'i leisiau anwel yn dal i seinio
yn donnau'n fy mhen, dychwelaf heno
o drem y dŵr i dir y moduro
diorffwys; trof, gan bwyso 'nhroed i'r dwfn,
yn ôl i annwfn y lôn ddiflino.